섬

섬

노민영 시집

두엄

시인의 말

사는 일이 만만치 않은 사람들을 가까이 하면서

가을이 오도록 시를 모았다
단풍이 들도록 시집을 엮었다
낙엽이 지도록 마음을 담았다

새봄을 위해
어둑한 나와
무거운 시집을 모두 내려놓는다

2024년 가을 고향에서
노 민 영

차례

1부 | 바닷물을 풀어 내리고

그 오두막집 · 13
꽃잎역 · 14
감 · 15
은유와 은밀 · 16
꽃시계 · 17
나의 플라타너스 · 18
섬 · 19
증도 · 20
수평선 · 22
스승 · 23
인생을 간 보는 청춘들에게 · 24
바닷속에 눈이 내린다 · 26
케나 · 27
별의 종족 · 28
배냇저고리 · 29
눈병 · 30
바람의 끈 · 32
찔레꽃 길 · 33
이제 너의 곁으로 가겠다 · 34
꽃가마 · 35
삼풍대 · 36

2부 | 뱃길처럼 왔다가

꿀벌 · 41
아무도 모르게 반짝 빛났던 밤 · 42
비보호 · 43
염부 · 44
피뢰침 그림자 · 46
쇠꽃 · 47
엘리제를 위하여 · 48
동해횟집 · 50
깻단 · 52
별자리 · 53
은비늘 · 54
본 적도 만난 적도 없는 그 사람 · 55
허이페 · 56
속 터지는 일 · 57
거부 · 58
제값 치르는 날 · 59
다시 방아쇠를 당기다 · 60
물고기자리 · 61
거미집 · 62
수술을 기다리며 · 63
실습생 · 64

3부 | 하늘 비치는 저 바다에

막재 · 67
빗방울 · 68
요시코의 하루 · 70
매화꽃 필무렵 · 72
네팔에서 온 사람 · 73
피리 소리 · 74
애기단풍 · 75
저 높은 곳을 향하여 · 76
신용불량자 · 78
김장 주술 · 79
들꽃 · 80
당신이 오기를 기다립니다 · 81
여섯 살의 크리스마스 · 82
당신이 온다면 · 83
은자 · 84
연 · 86
소나무 열차 · 87
천륜 · 88
님이 오신 날 · 90
그럴싸한 이유 · 92

4부 | 바닷말을 키우고

아기섬 · 95
동냥 · 96
새벽 눈 · 97
가약 · 98
신부가 신부에게 · 100
마창대교를 건너며 · 101
진눈깨비 · 102
결혼반지 · 104
다도해 · 105
오백 원 할머니 · 106
국화 앞에서 · 107
각시붓꽃 · 108
감나무가 울던 밤 · 109
경계를 넘는다는 것 · 110
코로나 택시 · 112
그 아득한 해방 · 114
나의 삶, 나의 시 · 116

발문 | 애틋하게 피어 따뜻한 섬 · 121
— 이응인 (시인)

제1부

바닷물을 풀어 내리고

그 오두막집

산 언덕배기 홀로
물끄러미 내려다보는
오래된 토담집

뒷산 노을이 들면
하얀 날개를 펼친 백로가
구름처럼 떼 지어 대숲으로 날아들고
전설 같은 이야기와 함께
몇 만 년 묵었을 달이
감나무 가지에 매달려 누렇게 익어가고
별무늬 수놓은 깜깜한 병풍을 두르고
밤이 삭고
마음이 녹아 결을 이룬다

꿈처럼 하얀 순한 깃털 둥지
머물고 싶고 부비고 싶은 품
꿈의 알을 깨고 눈을 떠보고 싶은 곳

그리운 섬
그 오두막집.

꽃잎역

벚꽃이 도착했다
기다리고 있겠다던 그 사람처럼

언제쯤 오는지 묻지도 않고
하나둘 떨어졌을 꽃잎
바람이 불 때마다 뒹굴며 헝클어졌을 그 자리

붉은 노을이 연착을 알리고
발아래 온통 꽃잎을 떨군 벚꽃 나무가
가지를 흔들며
떠나는 기차를 배웅하고 있다

무수한 약속이 어김없이 오가는 역에서
잠시 정차했던 꽃잎처럼
무작정 기다릴 수만은 없었던 어긋난 시간과
언젠가는 도착할 거라는 믿음을
이제 더 이상 붙들지 않기로 했다.

감

밥상머리에서 젓가락을 놓쳤다
감이 툭 떨어졌다
인생의 가을이 왔다

홍시처럼 말랑말랑했던 한 철
꼭지가 빠진다

감이 다 떨어지고 나면
세상에 차려진 진수성찬은
그림에 떡

까치밥처럼 미끼를 매단 세상
늦은 감으로
벌겋게 달려들어도 낚이질 않는다.

은유와 은밀

나는
휴대폰에 메모해 둔 시를 고치고

맞은편 여자는
파운데이션 콤팩트로 화장을 고치고.

꽃시계

클로버 꽃밭에서
꽃시계를 만들어 손목에 걸었다

시곗바늘처럼 주뼛주뼛한 꽃잎은
수많은 지침으로 피어
어느 또렷한 시침과 어렴풋한 분침으로
내가 놓친 시간과 잃어버린 때를 가리킨다

촘촘하게 얽힌 클로버 뿌리를 따라
가지 못했던 길과 가다가 멈춘 길이 이어지고
묻어둔 말들이 꽃을 피우며 시간이 거꾸로 돈다

생각의 태엽을 감고 돌려보는 행운의 시간
초침처럼 빠르게 지나간다

행운을 찾는 흉내를 내며 목이 길어진 꽃대 위에
천진난만한 풀꽃은 애틋하게 피었다 지고
잠시 생각이 만발한 나는 그렇게 피다가 멈추었다.

나의 플라타너스

먼 곳 걸어온 이방인처럼
헐벗은 몸으로 뿌리를 내리고 서서
허물이란 허물 다 드러내고 껍질을 도려내고 있다

무성한 잎으로도 다 가리지 못하는 흉
쉬이 휘둘리지 않도록 아름드리로 솟았다

거스를 수 없는 길 막힐 때마다
잎사귀 앙상하게 내려놓고 씨 방울 흔들고 흔들어
어디 수 억만 리 가야 할 길을 묻는다

어느 삶으로 뿌리를 내려도
속물로 흉물로 허물로 머무르지 않도록
두고두고 벗겨내고 내려놓는 그 길을 가고 있다

늘 제자리에 있어도
쉬지 않고 걷고 있는 나와, 나의 플라타너스.

섬

하루 종일 오가는 파도에 부대끼느라
외로울 겨를이 없다

파도처럼 왔다 간 누군가의 가슴에 있으니
고독할 틈이 없다

함께 살다가 떠난 영혼들을 보듬고
살이 녹아 한 덩어리가 되었으니
혼자가 아니다

아무리 짠 바다도
온 세상의 섬을 다 품고 있는데
오직 사람만이 홀로 섬을 만들어 외롭고 고독하다.

증도*

낯선 섬 건너고 건너 울렁거리는 그 먼 뱃길
흔한 뭍 등지고 얼마나 감추고 싶었으면
십 리 뻘밭을 휘둘러 펼치고도
망망한 바다를 하염없이 바라보며
웅크린 채로 섬이 되었을까

잔잔한 우전 앞바다
긴 해변 허리를 굽혀
흙빛 그을린 바닷물에 머리를 감고
염전 바람에 헝클어진 솔밭 다소곳이 빗질하는
아담한 섬 처녀
석양의 은빛 파도 온통 반짝일 때마다 눈이 멀었다

눈부신 바닷속
밤마다 바닷물을 풀어 내리고 검은 속살을 더듬어
숨은 보화를 해루질하는 달빛과 눈이 맞으면
백합은 깊숙한 곳까지 숨어 새벽을 맞는다

너의 품에서 보낸 아득한 그 첫날 밤

오래 지나 희미하여도 또렷한 그 품을 잊지 못해
밤에 외로이 잠든 섬만 보면 그립다

언제
움츠려 겨워 헝클어진 날
내 안을 가지런히 빗고
빛이 드는 길을 찾고 싶을 때
아무리 멀어도 다시 숨어들고 싶은 그 섬.

*증도 : 전라남도 신안군 증도면 증도(섬)

수평선

흔들리고 있는데
얼마나 기울었는지 알 수가 없다

출렁이는 날 바닷가에 앉아
수평선을 바라보면
저 멀리서 파도로 전갈이 온다

지금 추스르지 못하면
난파할지도 모를 각도라고 울렁거린다

흔들리는 습성은
기울지 않는 속성과 마주할 때
평정을 찾는다

망망한 끝
그 선에서도 수평을 잡기 위해
파도를 달고 산다.

스승

통도사 일주문 앞에
아름드리 전나무 고목 하나 길게 누워 있다

재목으로 손색이 없는
하늘을 찌를 듯 곧게 뻗은 통나무
나이테는 얼마나 되었을지
잘린 밑동을 보고는
숙연한 마음으로 경배를 올렸다

겉으로 단단한 고목은
속이 다 썩어 문드러지도록
얇은 겉피로 버티며
셀 수 없는 세월 동안
이승의 속을 다 비워 내고 있었다

법당 밖 길목에 서서
지나가는 발자국 소리 염불 삼아
껍데기 같은 번뇌를 관조하다
그렇게 열반에 드셨다.

인생을 간 보는 청춘들에게

자칫 혼자 될 걱정에
애초에 외길을 걷겠다는 사람아

청춘이 자유롭다는 것은
선택의 기회가 많다는 것이지
세상의 무게를 벗어나는 길이 아니다

부부는 일심동체가 아닌지 오래라고
사랑의 환상은 짧은 것이라는 걸 안다고 쳐도
외롭게 보이는 섬도 파도가 기대는 곳이니
누군가의 의지는 되어야
그나마 자신을 사랑하는 힘이라도 생긴다

세상이 저울이고 보면
어떤 패기를 얹어도 균형의 지침은 흔들리지 않는다

차츰 선택의 폭이 줄어들 즈음
혼자 누리는 자유와 만끽하는 즐거움은
파도처럼 외로움으로 되어 돌아온다

행복을 바라는 사람은
행복을 만드는 사람을 결코 이길 수 없듯이
인생을 간보는 나홀로 청춘들에게 당부를 하자면

사는 일 뜻대로 되지 않는 세상
뜻대로 산다고 행복할 거라고 확신할 수 없다면
차라리 조건 없는 사랑에 도전을 권하고 싶다.

바닷속에 눈이 내린다

떨어질 허공이 없는 바다에 헤엄을 꿈꾼다

온갖 배설과 껍질과 주검의 가루들이
자유롭게 흩날리는 바닷속
부유하는 생명들이 비말처럼 춤추는
생과 사가 한몸인 혼연일체의 빈틈없는 물속

뿌옇게 유영하는 천차만별의 낱낱이
눈처럼 하얗게 떠다니다 사뿐 녹아내린다

추락하는 인생의 염증이
암수한몸이 피우는 꽃이 되길 원하고
모험의 인생보다 실험의 삶을 선언하는 홀몸 인생
뉴노멀 인류에 부상하는 존재감으로 다가온다

바닷속에 눈이 내리면
멍게처럼 꽃 피고 불가사리처럼 별 돋는
하늘에 맞서는 한몸 바다가 열리는 세상이 온다.

케나*

죽어도 못 잊을 사랑이 있다

겨울 화실
페루의 악사가 케나를 불 때마다
여인의 뼈 울음이 들린다

가쁜 숨소리
입술이 떨리고
애무의 손길이 닿는 곳마다
사랑하던 여인은 슬픈 곡조로 운다

살을 바르고
뼈를 도려내어
천년이 지나도 간직하고픈 사랑
다시 태어나도 부를 사랑은
뼛속을 파고드는 그리움이다.

*케나(Quena) : 사람의 뼈로 만든 악기. 아주 옛날 페루의 안데스 산맥 인디오 사내들이 사랑하는 여인이 죽은 후, 무덤에 있는 그 뼈를 피리처럼 만들어 연주했다고 한다.

별의 종족

밤하늘의 유성이 떨어진 곳에
별의 종족이 산다

별처럼 언제나 빛나는 불멸의 존재감으로
하늘에서 툭 떨어졌다고 여기는 생명들

종족의 무리끼리 빛을 반짝이고
별난 꿈자리를 쫓아다니며
새로운 세상을 만들어 간다

세상물정과 다른 습성으로
하늘이 무너져도 솟아날 구멍을 믿고
미래의 종족을 번식하고 진화하는
싱글족 솔로족 나홀로족 혼족

별들은 가까이 어울려 있어 보이지만
정작 별 사이는 잴 수 없는 어둠의 폭을 감당하며
아름답게 빛나고 있듯이
아무도 가보지 않는 그 길이 눈부시기를 바란다.

배냇저고리

배냇저고리 같은 참깨꽃이 핀다

솜털 연분홍 하얀 살결
보송보송 갓난이처럼
손을 타면 울음을 터뜨리듯
툭 떨어지고 말

몸에 맞지 않는
세상에 처음 입어보는 옷
자식은
그렇게 과분하게 온다

깨알 같은 세월이 차고
고소한 사랑이 배도록 감싸면
세상 어떤 입맛에도 맞추도록
제 몸을 볶고 갈아서 버무려진다

배냇저고리를
제 손으로 마련할 즈음이면.

눈병

바라보는 곳마다 따라 움직인다

의사는 드물게 생기는 경우로 평생 간다고 하며
충격을 받아서 그렇다는데
병원을 나서며 아무리 생각을 해도
충격을 받은 적이 없는 것 같다

그날 밤
보름달을 바라보며
눈병을 고민하는 나와 눈동자가 마주친 달은
나에게 자신의 이야기를 들려주었다

수 억만 년 전
단 한 번의 큰 충격으로 인하여
까만 하늘의 눈동자가 되었으며
그 속에 묻은 얼룩은
너무 한 곳을 바라보다 짓무른 흔적이라고

그리고 오랫동안

떠날 수 없는 힘에 이끌려
언제나 제자리에 맴돌고 있으며
아무리 먼 곳에 있어도
눈길을 뗄 수 없는 곳을 향하여
이렇게 빛나는 거라고

내 눈도
언뜻 마주친 눈길을 떨치지 못해
병을 앓고 있는 것일까.

바람의 끈

생각의 줄을 타고 바람을 쐬다
은빛 바닷길을 열어 손짓하는
윤슬을 바라봅니다

물결의 잔잔한 은어
강렬한 빛이 파고들어
은은한 빛을 흡수할수록 눈부신 떨림

바람이 불면
눈길을 따라
빛을 흔들어 반짝일 준비가 되어있다고

봄볕 한낮
윤슬에 눈이 멀어
바람길을 더듬어 갑니다

빛을 흔들어
내 떨림을 반짝여 줄 그곳으로.

찔레꽃 길

한창 달아오른 봄
찔레꽃을 달고 강둑을 걷는 뒷모습
조곤조곤 이야기를 길바닥에 뿌리고
꽃잎을 흘리며 앞서가는 내내
쌉쓰름한 향기가 가슴에 가시처럼 파고들었다

척박한 곳에 아무렇게 자리를 잡고
마디가 솟구칠 때마다
뭉텅뭉텅 꽃을 피우며 덤불이 되었다고
아지랑이처럼 말끝을 흐리며 하얗게 웃어넘길 때
외톨이가 넝쿨을 뻗어가는 이유가 어렴풋했다

지난 이야기 다 덮고 꽃피는 이 순간만 보라고
어둑한 품에서 하얗게 꽃 치장을 피워 올렸다

강을 건너오는 노을을
오도카니 바라보며 물들이는 침묵을 두고 오던 길
찔레꽃 혼자 온통 붉게 물들고 있었다.

이제 너의 곁으로 가겠다

산골에 데려다 놓고 너무 오래 떨어져 살았다

멀리 이태리에서 왔다며
하얀 피부에 발랄하게 팔랑거리는 모습으로
내 손에 이끌려 산으로 올랐을 때
너는 너무 어렸고 나는 사춘기가 시작되었다

긴 이별의 시간이 지나고
너의 모습을 더듬어 다시 찾았을 때
숲속에 검게 그을려 늙어가는 너를 보고 말았다

이 숲속에 너를 다시 찾아와
서로의 추억이 다 닳아 없어질 때까지
포플러와 이태리 이야기를 팔랑거리고 싶다

잔바람에도 작은 이파리를 떨며 파도 소리를 내는
이태리포플러 가지에 나의 돛을 매달기 위해
이제 나는 너의 곁으로 가겠다.

꽃가마

단풍이 들면
떠날 채비를 한다

먼 길 가는 잎마다
화려한 문양의 차표를 끊고
푸른 때를 툴툴 털어
조각조각 기운 날로 색동옷을 만들고
나뭇가지 층층이 상여 탑에
물든 잎으로 꽃을 달았다

바람이 앞소리를 내면
행선지도 남기지 않고
한 잎 두 잎 발자국이 떨어진다

마지막은
가을처럼 곱게 물들어 꽃가마를 타고 가야지.

삼풍대*

삼풍대에 큰바람이 불면 남해의 전설이 들린다

이끼를 걸친 아름드리 고목들이
긴 가지를 휘젓고 곡소리를 내면
바람 탄 빗발은 화살처럼 어디든 백발백중이고
잎사귀는 전사들의 주검처럼 떨어져 나뒹굴고
신들린 폭풍우는 큰 가지 하나 우지직 찢어
해전의 뱃머리 부딪치는 소리를 낸다

몸이 흥건히 젖은 것들은 죄다 머리를 조아리고
번개가 적진에 기를 꽂듯 섬광의 날을 찌르는 순간
승전고를 알리는 천둥이 천지를 울리고
새벽이 오도록
억수 빗소리는 승리의 함성을 울리다
먹구름을 쫓으며 멀어져 갔다

새날이 밝은 삼풍대
고목들은 서서히 젖은 가지를 들어 올리며
지난날

이 숲속에 무슨 일이 있었는지
물방울 툭툭 털며 물음표를 던져보지만
사람들이 쉬어가는 삼풍대는 고요하기만 하다.

＊삼풍대(三豊臺-삼계마을의 풍년을 기원하는 자리) : 창원시 마산회원구 내서읍 삼계리 12번지. 식수 미상, 연대 미상의 느티나무 군락으로 대략 수명이 500년 고목과 노거수 여러 그루가 있는 숲 공원이다. 구전에 의하면 동네의 액운과 바람을 막기 위해 심었다는데 들판을 감싼 양쪽 산 꼬리를 잇는, 족히 오리(2km)를 나무가 줄지어 있었다고 한다. 또 전설에 의하면 임진왜란 때 충무공의 해전에 쓰일 전함을 만들기 위해 재목으로 많은 고목들이 베어져 갔다고 한다.

제2부

뱃길처럼 왔다가

꿀벌

꽃 속으로 파고들어
온몸에 가루를 뒤집어쓰고
코끝을 찌르는 진한 향을 맡는다

감당할 수 없는 짜릿함
참고 참았던 숨이 넘어갈 지경이면
머리 겨우 드나드는 공기탱크 속에서 기어 나와
연신 숨을 들이킨다

빨간 페인트 가루와
지독한 시너 냄새가 범벅이 된 몸
봄꽃 향기가 이보다 더 진할 수 없다

공장에서 사시사철 피는 노동의 꽃
휴일에도 빨갛게 혼자 부풀어 피어나니
봄꽃이 이보다 더 아름다울 수 없다

저장된 내 꿀에는 아직도 시너 향이 난다.

아무도 모르게 반짝 빛났던 밤

어느새 해가 졌는지 어둑한 밤중
밭고랑에서 눈에 불을 켜고 풀 뽑는 나를
깜빡깜빡 반딧불을 비추는 개똥벌레 한 마리
어쩌자고 적막한 밤 들판에서 서로 발광을 한다

개똥밭에 굴러도 이승이 좋다는 말
반딧불이가 아는지 몰라도
나는 도무지 수긍하기 어려운 경지다

산을 넘어 쑥 올라온 달빛을 틈타 풀을 마저 뽑고
자신의 반쪽 빛으로 어둠을 비추는 달과
똥 묻은 빛이라도 나누는 반딧불이가
환하게 와 닿았다

달빛과 반딧불과 내 눈빛이 반짝 빛났던 밤.

비보호

비보호 표지판을 단 노란 점멸 신호등

빨간 신호도
파란 신호도 거세된 체
밤이고 낮이고
숨 가쁘게 맥박이 뛴다

기회와 틈이 얄팍한
보호가 담보되지 않은 구역
석 달씩 수습기간직을 이어가는
그 살얼음판 같은 횡단보도를 건널 때면
숨이 찬다.

염부

새까맣게 그을린 몸으로
뜨거운 뙤약볕과 짠 바닷물 사이에서
염전에 순종하는 허리를 수천수만 번을 굽혀
하얀 소금을 건졌다

살길이 곪지 않도록
살붙이들이 엉겨 붙어 간을 맞추듯
하늘의 뜻과 바람의 기운으로 피는 소금꽃

퉁퉁마디* 가지처럼
대파*질 억척스럽게 부어오른 손가락 사이로
간수로 녹아내리는 쓴 고단함
디디고 걸어도 수차같이 맴도는 세월
사각사각 소금 걸음에 부서졌다

파도를 재워 가둔 순한 바닷물
혀끝에 감기는 염도를 맞추기 위해
밤낮 없이 천기를 살피고 촉수를 곤두세우며
평생 소금의 시중을 들었다

무녀길앞잡이* 따라 오갔던 염전 길
한 번은 튀는 인생이 춤추길 바랐을 짠한 염부의 꿈
저무는 여름마다
온 갯벌에 붉게 번진 칠면초*처럼
짠 뿌리를 박고 노을빛에 흔들거렸을 그 인생
누구 입속에 소금 한 알로 걸어가 평안하게 잠든다.

*대파 : 염전에 소금이 맺히면 긁어모으는 도구
*무녀길앞잡이 : 염전 길에 톡톡 튀는 곤충
*퉁퉁마디(함초), 칠면초 : 염생식물로 갯벌에 자라는 한해살이풀

피뢰침 그림자

상가 사거리 이슬이네 전세 가게가
어느 날 굳게 닫힌 문에 폐업 현수막을
빗장처럼 걸고 나서였으니

그 상가 일대가 가끔 쥐 죽은 듯하고
옥상 꼭대기 날카로운 피뢰침 그림자가
내 쪽 상가를 표적처럼 쓰윽 훑고 지나가기만 해도
온몸이 쩌릿쩌릿하다

언제 어떻게 떨어질지 모르는 날벼락
제 성미에 만만한 곳이면 사정없이 내려치고 마는 속성
두어 번 데이고 보면 감이 온다

솟아날 운보다 벼락 맞을 확률에 무게가 실리면
땅 깊숙이 혼쭐 단단히 묻고 버티는 피뢰침처럼
솟아날 뾰족한 궁리를 곤두세우다가도
막상 대출계 직원의 전화를 받으면
바닥난 밑천 다 들어내고 곧 죽는 시늉을 한다.

쇠꽃

살을 도려낸 쇳조각
어디서 무엇을 하다 왔는지 알 수 없는 몸뚱이
저마다 이름을 달고 제 몫을 할 때는
한창 봄날이었을 주인들
고철장에 쇠붙이들이 산더미로 모였다

머리가 없거나 팔다리가 부러지거나
속이 헤졌거나 겉이 상하고 찌그러진
차가운 사연들이 엉겨 붙어
붉은 꽃이 피었다

용광로로 퍼가고 남은 쇠 구덩이에
벚꽃잎이 소복이 쌓였다

한 솥에 녹아 한 몸이 되었다가
서로 딴 몸으로 만들어 살아갈 쇠붙이
꽃다운 시절이 피고 또 졌다.

엘리제를 위하여*

도저히 인력으로 감당할 수 없는 육중한 무게
탱탱하게 긴장한 쇠밧줄로 감아올려
서서히 롤러를 굴리며 스텝을 밟으면
엘리제를 위한 날카로운 소나타가 울려 퍼진다

붉은 불빛을 휘저으며
레일을 타고 공중곡예를 하며 연주하는
천장 크레인의 독주
무게중심을 잃거나 줄이 끊어지면
운명을 달리할 수 있다는 경고음
공장을 울리며 종일 수도 없이 메아리친다

그 아래
목을 맨 밥줄을 잇기 위해 분주한
아슬아슬한 고난이도의 작업
용접 불빛이 오선지를 긋듯 번쩍이고
여기저기 높낮이가 다르게 울려 퍼지는
망치 소리 그라인더 소리
도돌이표 박자를 맞추는 기계 소리가

생존을 위한 곡조를 써 내려간다

사랑하는 이를 위해
모든 것을 생산할 수 있고
어떠한 삶의 리듬도 감당하는
이 모두는
사랑하는 이를 위해 바치는 노동 교향곡이다.

* '엘리제를 위하여'는 베토벤이 사랑하던 여인을 위해 작곡한 곡
  이다. 그 일부분의 연주를 공장 크레인 운행 시 경고음으로 사용
  되고 있다.

동해횟집

장마 속 소나기가 퍼붓는 국립묘지
육이오 상이군인 아버지 유해를 안장하고
묘비 앞에서 올리는 술잔에 빗물이 넘친다

폭탄 파편에 떨어져 나간 한쪽 가슴
한이랍시고 품을 가슴조차 움푹 파인 그 아버지
병으로 앞서간 맏아들과 넋이 나가버린 딸
연락이 두절 된 작은 아들
가슴에 다 삭히셨는지 한마디 말도 없이
달랑 하나 남은 막내아들 가슴에 묻히셨다

아버지 상례 치르는 내내
술기운으로 버티던 그 친구
이름을 '억래'라고 짓지 않았다면
집안의 무게를 억척스럽게 감당해 낼 수 없었을
그 가슴이 비릿하다

빈창자처럼 구불구불
허기를 채우려다 길어진 목구멍 같은 골목 안

막다른 길에 주저앉을 수 없어 모질게 일으켜 온
상처 비린내 배인 허름한 횟집
싼값 지치게 팔아도
주눅 들지 않는 영혼들이 만족을 채워갈 때면
꾸역꾸역 솟는 지난 설움 소주잔처럼 비워진다는
그 애달픈 장삿속

동해 쪽을 바라보는 집
마당 구석구석 아침햇살이 들 무렵
물차 소리 요란하게 내며 싣고 온 활어
키 작은 순박한 아내가 다듬어 내는 은빛 비늘
푼돈처럼 한 닢 한 닢 긁어모을 때마다
그도 아버지 한쪽 가슴으로 지켜낸 터
가난의 비늘을 툴툴 털어내고 있는 것이다.

깻단

다리 넷으로 부둥켜안고 지탱하며
땡볕에 바싹 말리고 섰다

한 보름 밤낮으로 말라 촘촘하게 달린 씨방에
깨가 여물어 달그락달그락 소리를 내면
깻단을 거꾸로 들고 나무막대기로 때릴 때마다
차르르 차르르 깨가 수북이 쏟아진다

나 혼자 벌이에 힘을 보탠다고
맞벌이를 나선 아내
야근 일터에서 바싹바싹 말랐던지
집에 오면 날마다 신음 소리다

세월을 거꾸로 산다고 달그락거릴 때마다
가슴에 회초리 자국이 생긴다

우리도 부둥켜안고 살다 보면
깨가 쏟아지는 날이 오겠지.

별자리

부부 둘만 남아 사는 집

따로따로
일터에서 밤을 지새우는 그믐밤

혼자 우두커니 서 있을
주인 없는 빈집

모두 떨어져 혼자 있는 밤

떨어진 거리를 재듯
밤하늘에 흩어진 별을 따라 선을 그으며
우리 자리를 이어 본다

수많은 별자리들이 맴도는 우주
항성 같은 집을 오가며
행성처럼 밤낮으로 맴돌다 보면
우리도 빛나는 별자리 하나 만들 수 있겠지.

은비늘

시퍼렇게 사는 팔자
거품을 품다가 비린내가 배인 몸
망망한 날에 지느러미가 곤두서는 날이 많았다

어시장 좌판에 가지런히 허리 펴고 누운
은비늘 번득이는 생선보다 못한 인생 툴툴 털 듯
땅거미가 지면
죽어서도 팔자 좋은 생선 떨이로 팔아치운다

늦은 귀갓길
가로등 아래 선술집 막걸리 한잔이
지아비보다 더 가슴을 녹이던 저녁들

앞치마 속에 하루처럼 구겨진 비늘 같은 낱돈
날마다 헤아려 고무줄에 묶더니
바닷바람 잔뜩 쐬고 온 어느 날 이후로
온다간다 한 마디 말도 없이
온몸에 소금을 치댄 빛 고운 생선을 따라갔다.

본 적도 만난 적도 없는 그 사람

어촌 난포리
옹기종기 항구에 모인 통통배들
잔파도에 흔들거리며 찰박찰박 파문을 던진다

또 찾아왔네
본 적도 만난 적도 없는 그 사람을

먼 옛날
이 마을 처녀 선리는 고향 바다에 몸을 뿌리고
한국전쟁 터에서 요절한
스무 살 어느 산골 총각을 따라갔다지
자식 혼령 짝지어 저세상에 잘 살라고
부모님이 태워 준 반야용선을 타고
신랑을 따라 훨훨 노를 저어 신혼살림을 떠났다지

뱃길처럼 왔다가 흔적조차 없이 간 그 운명
바람 부는 날 소금기에 떠다닐 선리 숙모 찾아가면
뱃머리 오색 깃발이 새색시 저고리처럼 펄럭인다.

허이페

장례식장 한구석
낯선 망자의 이름
告 허이페

공장에서 보낸 화환 한 개
고개 숙인 상주처럼 지킬 뿐
아무도 찾는 사람이 없다

빈소 문패엔 그리운 이름들
처 위용정
자 허고정
부 허추안성
모 우쇼잉
남동생 허이펑

장지 진해화장장

아무래도 이 타국에서 저 이름들을
만장처럼 앞세워
뼈를 묻을 모양이다.

속 터지는 일

고분고분했던 차가
달릴수록 자꾸 차선을 넘는다

펑크를 직감한 순간
반항하는 차와 기 싸움을 하며 달린 사이
타이어는 갈기갈기 찢기고 있었다는 것을
수리점에 와서야 알았다

타이어에 박힌 작은 나사못
제 몫은 함부로 거리에 버려질 일이 아니라고
부릅뜬 눈처럼 문드러진 나사못 머리가
따지듯 나를 빤히 쳐다본다

산재 치료가 끝나도
노동의 가치로는 기피 대상이 되어 떠돌던
한때 나처럼
만만하게 생긴 것들은 죄다
속이 터질 때까지 함부로 다룰 일이 아니다.

거부

복사지가 찌그러지면서
기계 작동이 멈추어 섰다

조작의 틀에 순순히 말려들어
원본을 따를 수 없을 때
제 몸을 구겨 버려서라도
복제를 강요하는 모든 동작을 거부한다

걸림돌은 반드시 제거되어야 한다고
에러 신호가 깜빡거리며 경고를 하는 사이
일그러질 대로 일그러진 난해한 언어로
혼자 새까맣게 중얼거린 복사지
부당한 복제를 거부하며
생존을 위해 진화하고 있는 중이다

조작에 오류가 없는 한
가냘픈 종이 한 장이
감히 엄청난 기계의 힘에
어찌 반동을 가할 수 있겠는가.

제값 치르는 날

사과 향이 물씬한 길에 달콤한 흥정이 오간다

난전 사과 장수는 사과가 너무 달다 보니
벌레가 먹고 일찍 떨어져 상처가 있지만
속맛은 꿀맛이라 싸게 판다고 외친다

뻔한 말이지만
때마침 윙윙거리는 벌들이 한 수 거드는 사이
손님들이 슬그머니 선심 쓰듯 사과를 산다

덤으로 몇 개 더 얹어주는 사과 봉지처럼
헤픈 속 구석구석 한 번이라도
묵직하게 채워 준 적 누가 있었을까

상처 난 값이라도 받기 위해 길거리에 나선
싸구려 사과같이
아무 입에나 그렇게도 혀같이 달았던 나도
빳빳한 제값을 치를 날에 침이 고인다.

다시 방아쇠를 당기다

시간을 다투고 밤을 쪼개던 투잡도
정년에 저물어 적막하다

실탄도 없이
빈껍데기 같은 총처럼 우두커니 의자에 기대
재취업 생존 교육을 받는 정년퇴직 실업자들

탄창에 헐렁하게 채워 주는 실업급여 다 쏘고 나면
선택 폭이 좁아진 삶의 현장에 던져져
허술해진 경쟁력으로 어떻게든 살아남아야 한다

마지막 기회를 위해 한 가닥 기대를 품고
먹잇감을 찾느라 호시탐탐 훑어보는 구직정보
경력도 능력도 우대하지 않는 단순직
모든 것을 내려놓고
다시 조명탄을 장전하고 방아쇠를 당긴다.

물고기자리

습격을 피해
물에 뛰어들었다가 살았다는 신화의 흔적
목숨을 거는 순간은
변신을 불사하는 힘을 가지지 않고서는
빛을 발하지 못한다

비닐 천막을 뚫고 파고드는 화살 같은 햇볕을
온몸으로 받아내며
불을 지핀 붕어빵 마차의 열기를 들이마시고도
두 다리를 굽히지 않는 것은
별이 빛나는 시간을 기다리기 때문이다

어둠이 긴 날도 빛이 긴 날도 돌고 도는 것
어느 곳도 마음 두지 말라고
빙빙 돌아가는 빵틀
따뜻하게 구워낸 물고기 몸속에 풀어 놓으면
기울었던 자리 반짝 중심을 붙들어 준다.

거미집

어느 날 집 구석구석
제법 널찍한 거미줄을 엮어 놓고
떡 버티고 있는 줄무늬 왕거미 한 마리
너무 당당해서
함께 살길을 찾아보자고 모른 척했다

이 집을 지을 때만 해도 나도 당당했는데
어떻게 내 사정을 알고
이곳저곳 감당 못 할 거미줄을 치는지
거미줄에 헤쳐 나가지 못하는 목숨들이
자꾸 눈에 밟힌다

한 철이 훌쩍 넘어서야 문득 생각이 나서 보니
거미는 아무 움직임이 없었고
굶어 죽은 지가 제법 되었다

겨우 집 한 채 지닌다고
남모르게 숨이 차오르는 삶이 나뿐이 아니었다.

수술을 기다리며

툭! 힘줄이 끊어졌다

어깨부터 무릎 발목까지
하루를 꺾고 내일을 펴는 일이 망가진
병실 사람들

모두
삶의 척도가 절박하게 설정되어
노동의 강도를 이기지 못한 탓이다

한계를 넘어서지 않으면 채울 수 없었던
할당과 만회
압박붕대를 감은 듯 고비가 저렸는지도 모른다

생각대로 움직이지 않고
무리한 힘을 따라갈 수 없는 삶
균형이 깨진 병
수술 통증보다 회복의 막연함이 두려운 시간.

실습생

떨리는 가느다란 손만큼이나
앳된 청춘의 눈웃음이 마스크 위로 번지고
혈당 침을 몇 번이나 찌르며 난감해 했다

모든 환자는 아픈 것을 두려워하면서도
당연한 것으로 알고 있다는 것을 명심해야
자신감이 생긴다고 팁을 줬다

병을 다스릴 때는
환자에게 아픔을 감내할 수 있는 신념을 주는 것이
더 중요하다고 했다

다시 침을 들고 내 손을 과감하게 찌르라고 했다
그래도 염려가 되면 멘트를 날리라고 했다
"혹시 따끔할 수도 있어요!" 라고

한방에 방울 피가 솟았다
서로 눈웃음을 지으며 "어! 된다!"

제3부

하늘 비치는 저 바다에

막재

이승의 흔적을 쓸어 담는 요령 소리
딸랑 딸랑 딸랑
뒤를 돌아보지 말고 가라고
먼 길 열어 앞소리를 울린다

험한 길 가다 가다 갈아입으라고
달랑 한 개뿐인 어린 아들의 옷 보따리
불구덩이에 던져질 때
타들어 가는 어미는 하얗게 재가 되어
불길처럼 펄펄 날아 뒹군다

달래고 다독이는 염불 소리도
먼 길을 이끄는 요령 소리도
어쩌지 못하는 어미의 오열이
온 절간을 울리며 하늘로 솟구친다.

빗방울

어디서 힘겹게 고인 빗물이
지붕에
뚝
적막한 밤 골목길에 울림이 찬다

삼킬 자신이 없었던지
또 한 방울
뚝
끝이구나 싶으면
뚜둑
한참을 참았다가
뚝

버리고 떠난 엄마를
꾹꾹 눌러 담던 아이도
혼자
빈속을 그렇게 채웠지 싶다

엄마의 젖비린내처럼

뿌옇게 비 묻은 날
몰래 고향을 보러 올 것 같은 그 아이.

요시코의 하루

그제는 달랑 요양보호사 둘이서 야근을 하고
오늘은 휴일 조리사 대신 식당 일을 하느라
혼자
요양원 식구들과 어르신들이 드실
삼시세끼 밥을 하고 반찬을 만들고 죽을 끓인다

맛이 있을까 간이 맞을까 식지 않을까
맛을 보고 또 보고 불 조절에 신경이 곤두선다

타국의 입맛을 가늠하며
집밥의 열 배나 되는 식단을 만드는 일
처음도 그랬지만 날이 갈수록 힘에 부친다

내일도 휴일 쉬는 자 연차 야근자 빼고 나면
법정 인원 두 배의 어르신을 수발한다

허리에 생긴 고질병이 만성이 되어도
함께 힘든 동료들에게 짐을 지울 수 없어
며칠 쉬고 싶다는 말을 참고 또 참는다

몸은 전보다 더 수척하지만 언제나 밝고 씩씩한 요시코
이제는 가슴에 든든한 사직서를 품고 일을 한다.

매화꽃 필 무렵

산비탈
어쩌다 뿌리를 내렸는지
칙칙한 겨울잠 숲속
혼자 가녀린 가지 만발한 매화가 안쓰럽다

마지막 설을 쇠고
정든 곳을 떠나며 살얼음 눈물 흘리던
질부
버둥대던 빚진 삶 다 청산하고
타지 두 살림 떨어져 있던 남편에게로
어린 남매를 데리고 갔다

다시 월세부터 시작하기로 한 살림
이제는 벼랑이어도 뿌리를 내려야 한다

아무리 살아도 오지 않는 그 봄
추위를 무릅쓰고 기어이 피듯
인고의 향 그윽하게
화사한 매화로 피면 좋겠다.

네팔에서 온 사람

그와 나는 서로 어디를 가는지 물었고
나는 한국으로 그는 네팔로 돌아간다고 하였다

그는 아리랑을 나는 붓다를 이야기하며
짧은 말과 손짓과 눈빛으로도 알아듣고 있었다

붓다의 말이 천리만리를 걸어 도착한 동쪽
나리타 공항에서 서로는 옷깃을 스치며 돌아갔다

어느 때 어떤 인연이
시작인지 끝인지 알 수 없는 삶의 매 순간들처럼
또 왔다가 그렇게 사라졌다

수천 년 전 네팔을 떠돌던 한 수행자는
아리랑 고개를 얼마나 넘고 넘어 열반에 들었을까
희로애락 어느 한 곳에도 머물지 않기 위해
인연이 다하도록 나도 천리만리를 걸어가고 있다.

피리 소리

반장이 되었다고
축하 선물을 달라고 하던 소녀의 무뚝뚝한 손에
흙으로 빚은 피리 하나를 쥐어 주었다

가끔 힘들 때
이 피리를 실컷 불고 나면
한결 가벼울 거라고 했던 적이 있다

바람을 타는 피리 소리가 언뜻언뜻 들리는
설날 한밤중
창문 밖 앙상한 나뭇가지가 울고 있었다

오늘은
할머니 품에서 자란 가슴이
다 채워지지 못하는 날인가 싶어
얇은 종이에 싸둔 또 한 개의 흙 피리를 꺼내어
한참 만지작거리다가
바람이 불어오는 곳으로 가만히 불었다.

애기단풍

한번 물이 들면
걷잡을 수 없이 번지는 단풍
아기가 가을을 타며 물들어 간다

잎새는 꼬막손처럼
바람결에 재롱을 나부끼고
얼굴을 비비며 옹알대는 어리광
늘 이대로 품에 안고 싶다던 바람대로
가을이 아기를 데리고 간다

봄바람 홀씨처럼 왔다가
생젖을 떼고 한 번도 보지 못한 흰 겨울로
배꼽을 어루만지며 아장아장 가을을 따라나선다

엄마 아빠 손에 한 줌 재로 안긴 채
단풍이 붉게 물든 골짜기로
뿌연 가루 훌훌 날아올라 사라진다.

저 높은 곳을 향하여

주저함도 없이
모두 내려놓는 순간에도 흔들리고 있다

태어나서
단 한 번도 부딪쳐 보지 못한 곳을 향해
떨어지고 있다

가느다란 가지에 달린 명줄
울긋불긋 곱게 물들일 날일랑 다 접고
나락으로 향한다

엷은 줄기를 파고드는 모질고 독한 괴롭힘을 떠나
정 붙일 곳
발 디딜 곳으로 몸을 던진다

허공에 살다 허공에 지는
한창 푸르고 어리고 여린 애처로운 잎들이
찬 바닥을 깨부수기 위해
저 높은 곳을 향하여 목을 맨다

계절도 없이 뛰어내리는 외로운 항변
저 하늘이 무너져 내리고 있다.

신용불량자

더 잃어버릴 것 없는 그 이름

새벽 일터
컨테이너 창고 불빛이
모진 희망의 눈빛처럼 눈부시고
갈라진 손끝
입춘을 알기나 하듯
빨간 꽃망울처럼 부풀어 오른다

뿔뿔이 가족 흩고
혼자 벅찬 날
손이 부르트도록 일에 지쳐 보지만
단칸방도 없다고
설레는 봄마저
그에게 싸늘하게 군다.

김장 주술

파산 후유증으로 앓는 사람 겨울 잘 나라고
김장을 함께하며 주술을 걸었다

풀이 죽은 누런 속
벌리고 뒤집는 손길이 스칠 때마다
따갑고 쓰릴 겨를도 없이 벌겋게 달아오른 몸

처음은 다 그런 게지
숙성되면 아무것도 아닐 거야
제법 맛을 아는 사람들이 군침을 흘릴 때쯤
벌건 오르가즘이 달아올라
맛깔 진 카타르시스를 즐기는 거야
잎 사이사이 그 매서운 날 덧나지 않게
양념 실컷 버무리자

김장독처럼
얼지 않을 만큼 이 겨울을 견디고 나면
서걱거리던 날도 삭아지겠지.

들꽃

멀리 들꽃으로 바라볼 것을
연분을 꺾어 그대 화병에 꽂았으니
마를 때까지 홀로 꽃을 피웠다

해처럼 품을 때마다
달처럼 별을 낳고 싶었던 한 생
피붙이도 없이 백발의 구절초가 되어
그대 멀리 어디서 보아도 바라볼
들판에 꽃으로 돌아가나니

돌고 돌아 천생연분이 된다면
홀로 천년이라도 피고 지고 피겠습니다.

당신이 오기를 기다립니다

내 아부지가 지어준 이름이오
봉남이!
요새는 자꾸 웃음이 멈추질 않으니
암만해도 내가 실성을 하는 모양이오

빨갛게 물들인 손톱을 쓰다듬으며
일만 하다 하다 세월이 다 갔네

요양병원 휠체어에 앉아 염불을 외우다
자꾸 웃으며
내가 죽을 날이 지났는데
구십이 되어도 그때를 알 수 없소

할머니
아직 저쪽에서 만날 인연이 한창 준비 중이니
조금만 더 기다리면
예쁘게 잘 웃는 할머니를 오래도록 기다리던
그 귀인이 반갑게 맞이할 겁니다.

여섯 살의 크리스마스

휘영청 비추는 보름달이
제 앞길을 밝히며 더듬어 가는 밤길
어린이집 가방을 멘 여섯 살 아이가
취기가 올라 휘청거리는 할머니 손을 잡고
산모퉁이를 돌아 집으로 가는 길
크리스마스 캐럴도 반짝이는 불빛도 없는
적막한 밤이다

여느 밤에도
오늘처럼 할머니 손을 꼭 잡고 꿈길을 걸으며
해와 달이 되어버린 엄마 아빠를 만나러 갔겠지
반주 한 잔에 취한 할머니의 한탄 조 타령
자장가 삼아 팔베개를 따라 흐르고
그렇게 둘이 외로움을 끌어안고 잠들었겠지.

당신이 온다면

혹시 우리가
서로를 회상할 곳이 될지도 모를 이 자리
나는 그 과거에 지금 와 있어요

이곳에서
아직 오지 않는 당신을 만나고
무수한 이야기를 상상하고 있어요

어쩌면
나와 어긋나게 지나갈 이곳에서
당신에게 편지를 쓰고 또 쓸 것이지만
내 마음 전할 곳이 없다면
하늘이 비치는 저 바다에 던지고 가렵니다

이 자리에 당신이 온다면
당신에게 빠진 내가 숨을 쉴 수 있도록
바다 깊이 가라앉아 있는 나를 건져주세요

나는 당신이 가고 싶다는 그 우주에 있어요.

은자

새벽부터 집 앞에서 기다리고 있었다

섬진강 밟으러 가는 길 배웅하며
강물 따라가다 지치면 화개장터에 쉬어가라고
노잣돈을 손에 쥐어주고 떠났다

온 걸음 되돌려 총총히 가는
늘 행적을 숨기고 다니는 그 사람

저벅저벅 강 냄새 맡으며
섬진강 곳곳을 적시다 화개장터에서
은자가 준 마음을 풀어헤치고
재첩국에 막걸리 한 사발을 들이켰다

강물처럼 찰랑이던 막걸리 잔에
은자의 미소가 자꾸 어른거려
지리산 흙빛의 질그릇을 사서
녹차 어린나무 한 그루를 심었다

지리산 계곡 물소리 배인 하얀 조각돌을 얹고
점잖은 섬진강 물을 뿌리에 흥건히 붓고
온갖 사연이 흘러 쌓인 강모래를 떠다가
조약돌 사이마다 고이고이 뿌려 재웠다

은자
날 아껴주던 그 마음처럼 곁에 두었다가
연한 찻잎 따는 날에
그대 향을 거듭거듭 우려내어 나를 적시리다.

연

꼬리를 흔들어 재롱을 부리고
요리조리 헤엄치며 응석을 부리던 하늘 품
마음껏 날고 펼치도록 감고 풀어서 자리를 잡는
실핏줄 같은 명줄

캄캄한 섣달그믐 밤 툭 끊어진 후로
실낱 하나 붙들고 실패에 둘둘 감는데
반평생이 흘렀다

연줄도 없는 어느 들판을 뒹구는지
그저 바람결에 소식을 더듬는다

줄을 끊고 줄을 놓고 줄을 붙든 처지가
엉킨 실타래처럼 막막하다

남은 생
단 한 번이라도 연이 닿을 수만 있다면
끊어진 그 핏줄 죽을힘 다해 끌어당겨 보고 싶다.

소나무 열차

그 어떤 티끌도 용납할 수 없는
단절된 중환자 밀실에서 기적을 기다린다

병원 앞마당 푸른 신호를 기다리듯
하늘을 향해 뻗은 소나무 솔잎이
시곗바늘처럼 날카롭다

무거운 짐을 줄줄이 달고
가파른 삶을 힘차게 내달렸어도
어쭙잖은 기적 따윈 바라지도 않았던
열차 같던 그의 아내

소나무 옆에서 하늘을 향해
처음이자 마지막 소원 같은 눈물을 훔치며
가느다란 기적을 울린다

지금 이대로라도 좋으니
지아비를 싣고 멈추지 않고 달리고 싶다고.

천륜

맨날 붙어 있던 형아가 초등학교에 처음 간 날
마루에 앉아 종일 기다리고 있던
까무잡잡한 설해

마당에 내렸다가 대문을 나섰다가
다시 마루에 앉았다

"행님이 와이리 안 오노"
뚫어져라 바라보는 대문 밖
축 처진 어깨에 책가방을 늘어지게 메고
순눙이 형아가 느릿느릿 골목을 걸어오자
쏜살같이 달려가 형아를 빙빙 돈다

"행님아 와이리 늦었노"
"학교는 재미있었나"
"내가 행님 오면 같이 먹을라고
과자 안 먹고 있었다 아이가"
"과자 한 개 먹어봐라, 어서"
"행님이 빨리 먹어야 내가 먹지"

한얼이는 "와이리 귀찮게 하노, 알았다"
형아가 과자를 오물오물 씹는 것을
한참 바라보던 설해는
"행님아 과자 맛있제 맛있제 맛있제"
"맛있네"

들리는 소문에
부모 없이 세상에 의지할 곳이 둘 뿐인 형제는
서로 멀리 떨어져
하늘의 뜻을 안다는 지천명이 되어간다고 하였다.

님이 오신 날

나, 가거든
그대는 나를 놓지 말고
나와의 시절을 생각하라 하시니

나, 다시 태어나도
당신을 만나기 위해
함께 물든 곳에서 기다립니다

또 천년이 피고 지고 피도록
이 사바에 나는
까만 밤 당신이 그리울 때마다
연꽃잎 치장한 등불 환하게 밝혀둡니다

언약을 하고 서원을 하며
날마다 당신의 이름을 부르는 나는
그리운 당신이 오신 날
자비에 넘치는 사랑 가득하여
오래도록 행복에 깃들어 살아가겠습니다

네가 있어 내가 있는 인연
그리우면 피고 버리면 지는 꽃
나는 그대이고 당신이 내가 되는 사연
당신이 오신 날을
나는 영원히 잊지 않도록 다짐합니다

나를 버리고서야 오롯이 당신을 만나는 이날
당신이 오시어
온 세상이 빛으로 물드는 아름다운 날
우리 님이 오신 날.

그럴싸한 이유

불특정 다수가 몰려들 만한 곳에
밑밥이 무제한으로 뿌려진다

지나가는 강아지라도
냄새를 맡으며 주변을 둘러보고
물고기가 지나가도
낚싯바늘에 입질을 조심할 것이다

무료 시식 코너를 지나는 아이가
엄마에게 먹어도 되냐고 묻는데
엄마는 점원의 눈치를 보며
아이의 손을 끌어 지나친다

덥석 무는 순간 바늘 끝이라도 닿는다면
뿌리치지 못할지도 모를 일

세상에 그럴싸하게 보이는 것은
그럴만한 이유가 있다.

4부

바닷말을 키우고

아기섬

고요한 아침 잔잔한 바다 위
솜이불 같은 물안개에 폭 쌓여
반쯤 얼굴을 가리고 곤히 잠든 아기섬

갓 난 이후
바다가 물린 젖으로 자라는 동안
점점 살이 내리고 작아졌을 몸

언제부터 어른이 되어
거친 파도와 바람을 버티며
바닷말을 키우고 물고기를 품어 기르며
아담한 보금자리가 되어
이름 모를 새들의 천국이 되었을까

내 아버지 어머니도
작은 몸이 되도록 나의 천국이 되었다가
다 큰 아기가 되어 물안개처럼 사라졌다.

동냥

늦둥이를 낳은 어머니
마른 젖꼭지를 빨다가 우는 나를 안고
집안 손부 창촌댁을 찾아가 동냥젖을 물렸다

어머니 마른 젖가슴은
스무 살이 되도록 내 노리개가 되다가
내 목젖이 퉁퉁 붓도록 정을 떼고 가버렸다

아버지 홀연히 먼저 가시며
어머니에게 더도 말고 덜도 말고
딱 삼 년만 있다가 오라고 하신 유언 따라
어머니는 고분고분 때를 맞추어 따라가셨다

어린 기억을 채우지 못해 허기가 질 때
동네 어른들 모여 있는 곳에 가서
부모님 이야기를 어렴풋이 귀동냥을 하고 온다.

새벽 눈

얼마나 불렀는지 목이 쉬어 있었고
베개가 젖어 있었다

흐느낌이 멈추지 않았다

잠자리에서 일어나 문밖을 나서니
하늘에는 첫눈이 내리고 있었고
내가 서 있는 땅은 온통 젖어 있었다

새벽 공기는 내 뺨을 어루만졌고
찬바람은 내 머리를 쓰다듬었다

내 열아홉에 떠난 아버지와
늦둥이 막내아들은
아무도 모르는 새벽에 그렇게 그렇게
눈 녹듯이 만나고 또 기약 없이 헤어졌다.

가약

특별한 오늘이 이렇게 아름다운 것은
내가 당신을 향해 마음을 가다듬고
죽는 날까지
당신 곁에 있기를 다짐하는 날이기 때문입니다

나를 만나기까지 걸어온 당신의 길이
얼마나 힘겹고 길었는지 다 알지는 못해도
나는 당신을 품고
걸어온 지난 길을 다독이며
걸어갈 날을 아름답게 꾸려갈 것입니다

희미한 길이어도 희망을 잃지 않을 것이며
막다른 길에서도 주저앉지 않을 것이며
빛나는 길에서도 눈이 멀지 않을 것이며
외로운 길이어도 체념하지 않을 것입니다

설령 온갖 다짐과 맹세의 날이 무너진다 해도
솟아날 하늘을 쳐다보며
디디고 선 땅에 무릎을 꿇지 않겠습니다

감히 용기를 굽히지 않는 그 신념은
이 인연이 끊어지지 않는 그날까지
당신도
나와 같은 다짐을 할 것으로 믿기 때문입니다

당신과 맺은 이 가약
아무도 들추지 못하도록 고이 접어
마지막 날까지 가슴에 품고 마음에 품고
어지러운 시간에도 놓치지 않고 굳건히 지니겠습니다.

신부가 신부에게

새 신부의 길을 여는 옛 신부가
어머니가 걸었던 길을 걸어 촛불을 켠다

탯줄 같은 심지가 타들어 가고
뜨거운 촛농이 불씨 속으로 녹아들면
머뭇거리던 불빛이 떨린다

꽃길에 하얗게 피어나는 새 신부

사랑해서 행복한 날보다
행복하려고 사랑한 날이 더한 옛 신부들이
가시밭길 행진을 걸어 낸 주름진 박수를 보낸다

사랑하는 이와 행복한 날이
주례사처럼 길지 않다는 것을
평생을 보내고서야 받아들인 옛 신부는
새 신부에게
오래도록 꽃길이기를 바라며 눈물로 축복을 한다.

마창대교를 건너며

첫 출근 하던 날
밤새 눈이 어찌나 내렸는지
발길도 없는 눈 수북한 마창대교
건너는 내내 마음이 조마조마하였다

처음 제 발로 살길을 나서는 아들
눈밭에 내던지는 것 같아
공장 문 앞까지 데려가는 길이
더디고 시려 꽁꽁 얼어붙었다

난간으로 미끄러지지 않고
아슬아슬 이 다리를 건너기만 하면
아들의 따뜻한 밥 길이 열린다

새 길은 두렵고 눈처럼 차갑지만
꾹꾹 눌러 걷다가 보면 족적을 남기듯이
핸들을 움켜쥐고 앞만 보고 가는데
백미러로 비치는
아버지와 아들 같은 나란한 차 발자국.

진눈깨비

홀연 눈 내리는 밤
푸석푸석 엉키고 쌓이는 것이
어디 눈송이뿐이고

한 천 리쯤 떨어지고 보면
녹아내릴 것이
어디 애간장뿐이던가

수북이 눈이 쌓였다는 그 객지
미끄러운 눈길 걷듯
혼자 제 앞가림하며 시리게 살던 딸
한밤중에 어쩌자고
새벽차를 타고 온단다

생각만 하여도 손끝만 닿아도
스르르 녹아질 살붙이

캄캄한 날마다
하얗게 얼어붙은 눈송이처럼

천 길 낭떠러지를 날다가 날다가
혼자 반쯤 녹아버린 살얼음 눈물.

결혼반지

절대 그럴 수 없다며 좀 더 기다려 보자는 내 말에 망설이던 아내, 이십 년을 고스란히 서랍 속 신혼 꿈에 젖어 있던 결혼반지를 팔기로 작정한 날, 첫아이 가지고 끼니를 걱정하며 객지를 떠돌 때도, 기울어진 집안 다시 세우기 위해 빈손으로 고향에 정착했을 때도, 고이 간직했던 결혼반지, 마음을 정하고도 몇 번을 만지작거리다 금은방 주인에게 넘겨주고 돌아오는 길에 아내 손엔 아이들에게 보낸 학비 영수증이 꼭 쥐어져 있고, 내 가슴엔 평생 빠지지 않을 만큼 꽉 끼여 버린 그날.

다도해

어린 자식들을 데리고
가끔 섬을 데리고 간 적이 있다

파도에 절은 바다의 속성이 배였을까
품을 떠나 세월의 파도를 탄다고
어쩌다 뜸한 안부에 짠 내가 풍긴다

제 둥지 살피기 급급한 아들은
벼랑을 깎으며 바위섬이 되어 가고
나 홀로 딸은
세상을 간보며 외딴섬이 되어 간다

고해를 건너는 아내는
어느새 고립된 섬이 되어 가고
무인도가 되어 가는 나는
아이들 웃음소리가 파도치던 그 섬을 꿈꾼다

섬이 섬을 낳고 너도나도 섬이 되어 사는 곳.

오백 원 할머니

세상 구경 간다며
밭에 떨어진 풋감 홍시 주섬주섬 소쿠리에 담아
도시 장에 가는 새댁 뒤를 따라나선 어머니
시장 변두리 다리 위에 전을 펴고
"홍시 사이소, 실컷 먹고 오백 원이요"

시장 사람들이 붙여준 별명
'실컷 먹고 오백 원 할머니'
파장하고 겨우 번 돈 이천 원으로
국수 한 그릇 사드시고 집에 와서도 후회가 없다

한여름 풋감이 툭 툭 떨어질 때
마산 회산다리에 가서 한참 서성거리다 보면
아무도 좋아하지 않는 풋감 홍시
하루 종일 팔고 있는 어머니

홍시를 다 팔 동안 얼마나 배가 고팠을까
먼 세상 구경 가신 어머니.

국화 앞에서

반쯤 나가 돌아오지 않는 그 정신으로
국화꽃밭에 넋을 놓고
가느다란 꽃대 목을 쓸어 올리며
혼을 빼듯 주절거리다 웃음을 흘리는 늙은 누이

짝을 잃던 그날도
진한 향에 취한 듯 하얀 국화 앞에서
혼자 이야기를 주고받던 넋 나간 누이

만개하지 않은 국화 속잎처럼
못다 풀어헤친 속내에 짠한 향이 감돌고
헝클어진 머리는 하얀 국화를 닮아간다

그리 보고 싶다던 밤 꽃구경
실컷 풀어헤치던 그날 밤
향기도 없이 혼자 주절거리다 웃음을 흘리다
하얀 국화 꿈을 꾸며 잠 길을 걸었는지
아무도 아무도 모른다.

각시붓꽃

이 길로 가면 다시 돌아가지 못하여
산길에 핀 붓꽃으로 편지를 씁니다

내 사랑의 날은 계절을 타며 여물어 가듯
봄에 꽃처럼 잠시 스치고 시들어 애달프고
여름 같은 열정이 격정으로 변할 때마다 따갑고
가을처럼 놓아가는 것들을 바라보며 애틋하지만
사랑이 차가운 날도 겨울 사랑이라 여기며
소용없는 사랑은 없다고 모두 사랑하였습니다

꽃길이 아무리 고와도
거친 인생길이 더 아름답다고 여기며
주저 없이 희망에 부풀어 걸은 인생이었습니다

그래도 마지막 길은
따뜻한 봄 길을 걸어가니 참으로 행복합니다

아직 가시지 않은 멍은 붓꽃 활짝 꽃피우고 가니
내 남은 마지막 사랑이라 여겨 주세요.

감나무가 울던 밤

시골 국민학교에 다니다 이사를 간 도시에서
중학생이 되어 다시 고향으로 돌아온 첫날
낯선 집에 어수선한 밤이 찾아오고
이삿짐이 쌓인 찬 방에
엄마와 나는 겹겹이 솜이불을 덮고
서로 꼭 끌어안고 몸을 데우며 뒤척였다

많은 것을 잃어서 더 쓸쓸했던 밤이었어도
고향은 엄마의 품처럼 따뜻했고
스산한 겨울밤에 나는 한 없이 녹아내렸지만
마당에 앙상한 감나무는 세찬 바람에 밤새 울었다

땡볕 밭에 풋감 홍시로 허기를 달래며
종일 벌레처럼 밭을 기어다니던 엄마는
해가 저물면 들에 나간 소처럼 집에 돌아오더니

감나무에 풋감 홍시가 툭툭 떨어지는 음력 유월에
내 가슴에 감나무 씨앗을 심어놓고 가셨다.

경계를 넘는다는 것

혹처럼 놀림을 달고 자랐던 아이는
어른의 짐을 지고 있었기 때문일까
돌팔매에 둘러싸인 뱀처럼
길도 없는 맨땅을 부비며 돌 틈으로 숨는 버릇이 생겼다

해보다 일찍 밥벌이를 나섰다가
공장의 소굴을 벗어나 도시의 경계를 넘어서면
달빛에 젖은 산골을 거슬러 지친 연어처럼 돌아가던 집
그 멀고 먼 출퇴근길보다 더 멀리
다시 오지 않는 길을 가는 부모님을 배웅하느라
세상을 단절한 스물의 나이는
돌멩이에 깔린 새 쑥처럼
봄이 오는지 가는지도 모르고 허옇게 잎을 피우고 있었다

첫아이가 배불러 올 즈음
아내는 빈 쌀독을 긁으며 헛구역질하던 버릇이 들었는지
둘째 아이가 아이를 낳도록
착한 아내는 평생 바가지를 긁다가 속이 다 헤졌다

정년을 바라보며
평생 놓았던 일터로 아내가 첫 출근을 하던 날
차를 뒤따라가며 길을 일러주고 돌아오다
강물이 지나는 다리 위에서 그만
떠내려가는 아내를 건지지 못한 자책의 통곡에
숨을 쉴 수가 없었다

첫 월급을 탔다고
퇴근길에 아내가 사주는 뜨끈한 국밥 한 그릇
더 이상 우려 낼 것도 없는 숭숭한 앞날에
근기가 채워지기를 바라며
기도하듯 가만히 밥술을 들었다.

코로나 택시

팔월 삼복더위
어머니가 돌아가신 지 열흘이 되어 가는데
아들이 임종을 오지 않아
어머니는 병풍 뒤 관에 누워 살을 내리며
오도 가도 못하고 아들을 기다리고 있었다

지주에게 소작농지세가 부당하다고 대들다가
보도연맹으로 몰려 일본으로 밀항한 매제
그 남편을 찾아 무조건 밀항했던 여동생이
어떻게든 살아서 오라비를 초청한 첫 만남

자신을 버린 조국을 떠나 조총련이 된 처지로
평생 다시 볼 수 없을지 모를 안타까움에
이왕 돌아가신 어머니 전보를 숨기고
며칠 만이라도 더 보자고 오라비를 붙들었다

뒤늦게 어머니 임종을 알게 된 오라비는
조국을 갈 수 없는 가여운 여동생을 부둥켜안고
볼 수 없는 어머니를 부르며 통곡했다

상주가 없어 출상을 기다리는 상가에
아버지가 돌아온다는 전보 소식을 듣고
나는 동네 정자나무 제일 높은 곳에 올라
저 멀리 코스모스 길을 따라
온 들판에 뿌연 흙먼지를 뿜으며
미친 듯이 달려오는
아버지가 탄 코로나 택시를 처음 보았다.

그 아득한 해방

8·15해방 예순아홉 해를 맞이한 일본 땅
습한 팔월의 열기처럼
답답한 제사상이 차려질 무렵
임종조차 올 수 없었던 딸이
아버지 첫 기일이라고 걸려 온 전화
애타게 안부를 묻는 노모가 숨을 몰아쉰다

잘 지내고 있다는 반복되는 대답을
암호처럼 띄엄띄엄 이어가던
짧은 통화가 끊어지자
노모는 하염없이 자책의 눈물을 훔친다

타국 간 남편 찾아 밀항한 일본 땅에
열여덟에 안고 갔던 그 딸을
민족해방을 위해 간다는 지아비 손에 달려
만경봉호에 실어 북으로 보냈다

배필은 살을 붙이고 살고
민족은 함께 뭉쳐서 살아야

고통이 없다는 믿음이
모두 빗나간 한평생
구순의 어미는 타국에서
칠순의 자식은 북녘에서 조국을 가슴에 삭혔다

본 적도 만난 적도 없는 우리
이다음에 다음에 통일이 되면
꼭 만나자고 하는 나에게
반드시 꼭 그렇게 되어야지 다짐하던
그 단호한 대답
북녘에서 걸려 온 전화답지 않게
고종 누님의 목소리가 너무 가녀리다.

나의 삶, 나의 시

나에게 시는 치유(治癒)를 위한 여지(餘地)이다.

내가 생각하는 문학은 작품이 독자에게 공감과 대리만족을 주는 효과와 더불어 심리적, 정서적 안정과 다양한 상상을 자극하는 산물이라고 하고 싶다. 작가는 창작하는 과정에서 자신의 내적 감정과 마주하게 되고 다양한 창작품 속에 자신의 세계를 드러내거나 추구하는 이상을 반영함으로써 자신이 정화되고 해소되는 결과를 얻는다고 본다. 독자는 작품을 접하면서 새로운 세계를 만나고 생각을 전환하는 계기가 생기게 되어 삶의 방식과 사고의 다양성을 재고하는 신선함을 얻는다. 따라서 문학은 건강한 자아 회복을 기대할 수 있는 여지를 담고 있으며, 치유의 언어라고 할 수 있겠다.

나의 유년기는 생태적인 비음으로 인해 장애를 겪으면서 많은 놀림을 당했다. 그 후로 소극적인 인간관계를 하면서 본의 아닌 업보로 받아들일 수밖에 없다고 생각했다. 그로 인한 스스로 고립과 소통 단절은 장애의 필수품 정도로 여겼지만, 세상살이는 혼자 가둔다고 되는 일만은 아니었다. 인생이 자신의 의지와 상관

없이 맞닥뜨리게 되는 사실에 대처해야 한다는 암담함 보다도, 태생적인 여건으로 극복할 수 없다는 현실에 직면할 때 좌절감과 상실감에 휩싸이는 경우가 더 힘들었다. 나는 청소년기가 끝나도록 극복하는 출구를 찾지 못하고 혼자인 시간이 많았다.

스물 초입 부모님이 떠나고 형제가 떠난 시골 빈집을 지키며 살붙이 흔적을 혼자 쓰다듬고 살았던 시골 밤은 유난히 길고 적막하였다. 늦은 밤 라디오를 끼고 살았던 그때, MBC '별이 빛나는 밤에' 방송 중에 황청원 시인(스님)의 '칡꽃 향기 너에게 주리라'는 고정프로가 있었다. 시청자 편지를 읽고 이야기를 나누는 형식으로 진행되었는데, 그때 글이라는 것이 자신과도 소통할 수 있는 것임을 처음 알았다.

밤은 사람들에게 침묵의 그 깊은 의미를 깨닫게 해줍니다.
환한 낮에 슬쩍 보아 넘긴 몇 장의 풍경도 거기에 가라앉아 있습니다.
무심하게 잊어버린 몇 마디의 언어라도 거기에 숨어 있습니다.
사람들은 어둠 짙은 짧은 순간의 밤을 통하여 많은 생각과 마주하게 되고 그로 인하여 숨겨졌던 진실들과 만나게 되는 것입니다.

- 황청원, 「칡꽃 향기 너에게 주리라」, 방송 시작 멘트

나에게 밤은 부족함을 가리는 은둔이면서도 잔잔하고 절제된 호수와 같았다. 경계에 튕기면 도로 거두는 파문처럼 내가 던진 질문에 대해 되새김하는 법을 깨닫도록 하였다. 아무도 답을 줄 수 없는 경우 스스로 그 해답을 찾아 나서야 한다는 것을 알게 되었다.

점점 세상을 알아가는 나이가 되어갈수록 나는 내 의지만으로는 되지 않는 것을 극복하려 하기보다, 내 처지에 맞는 순응이라는 길을 택했다.

나의 작은 바람이 있다면 장애를 겪는 사람들이 일상에서 충격을 최소화하고 흡수할 수 있는 길을 함께 찾아보는 것이다. 눈길에 벗어난 우리 주변엔 아직도 평범하고 정상적인 삶을 누리지 못하는 사람들이 너무 많기 때문이다. 선천적이든 후천적이든 시시때때로든 가끔이든 그들이 살아가고 품고 있는 이야기를 드러내어 모두 어루만져 주면 좋겠다.

나의 문학도 시도 모두 그런 것에 집중하고 싶다. 이런 사람 저런 사정들이 혼재한 세상에 나는 내가 익숙

한 길을 가고, 익숙한 인연을 보듬고 싶고, 동병상련의 이야기를 쓰고 싶다. 나는 거창하게 나의 시 세계라 할 것도 없다. 그런 역량을 가지지도 못했다. 나와 닮은 인연들이 세상에 용기를 가지고 다가갈 수 있도록 역할을 하고 싶다. 세상에 누군가가 멋진 시와 아름다운 시를 쓰고 있다면 누군가는 아프고 슬프고 절망을 건지는 시인도 있어야 하지 않겠는가? 굳이 그것이 나의 시 세계라고 한다면 부정하고 싶지 않다.

나의 첫 시집은 어둡고 무거운 이야기들이 많다. 그리고 산문에 가까운 이야기의 시가 많다. 이 두 가지는 그동안 살아온 나의 모습과 닮았고, 내 주변과도 닮았다. 아마도 그런 답답하고 어둑한 나를 이 시집에 실어다 떠나보내려고 하는 나만의 이별 의식인지도 모른다. 과거를 청산하고 나면 조금은 가벼운 나를 만들 수 있지 않을까 싶다.

그리고 혼자일 수밖에 없는 삶과 혼자이고 싶은 삶이 섬처럼 늘어가는 사회가 행복을 찾아가면 좋겠다.

– 노민영

| 발문

애틋하게 피어 따뜻한 섬

이응인(시인)

　노민영 시인을 만난 지도 어언 17년쯤 되었다. 그동안 '객토문학'을 통해 마주하거나 경남작가회의에서 만나면서도, 그가 시집을 한 권도 내지 않았다는 사실을 잊고 있었다. 얼마 전부터 종종 얼굴을 대하거나 이야기를 나눌 기회가 생겨서 물었다. "시집은 언제 나오나요?" 17년이면 두세 권 이상 시집이 나왔을 세월이다. 그는 수줍은 표정 속에 답을 숨긴 채 시원하게 알려 주지 않았다. 그런데, 한 해가 기울어 가는 이즈음, 갑작스레 시집을 내겠다고 원고를 보내왔다.
　그동안 『객토문학』 동인지나 『경남작가』에 발표되는 그의 시를 나름 관심을 가지고 봐 왔다고 자부했는데, 아니었다. 그동안 내가 본 시는 노민영 시의 한 모퉁이에 불과했다. 그러니 나는 그의 시를 모르고 있었던 셈이다. 맨 먼저 나를 붙든 것은 아픔에 예민한 그의 촉수였다. 「빗방울」이란 시를 보자.

　　어디서 힘겹게 고인 빗물이

지붕에
뚝
적막한 밤 골목길에 울림이 찬다

삼킬 자신이 없었던지
또 한 방울
뚝
끝이구나 싶으면
뚜둑
한참을 참았다가
뚝

버리고 떠난 엄마를
꾹꾹 눌러 담던 아이도
혼자
빈속을 그렇게 채웠지 싶다
— 「빗방울」 일부

 이 시의 빗방울은 예사롭지 않다. "어디서 힘겹게 고인 빗물이/ 지붕에/ 뚝" 떨어지는데, "적막한 밤"이라 "골목길에 울림이 찬다." 골목길을 울리는 그 빗방울은 "삼킬 자신이 없었던지/ 또 한 방울/ 뚝" 떨어진다는 것으로 보아, 안으로 삼키고 참았던 눈물을 연상케 한다. 이제 "끝이구나 싶으면/ 뚜둑" 떨어지고, "한참을 참았다가/ 뚝" 떨어진다. "삼킬 자신이 없었던지"를 거쳐 "한참을 참았다가"에 이르면, 빗방울은 누군가 삼키지 못한 눈물과 겹쳐진다. 그러면서 "버리고 떠난 엄마를/ 꾹꾹 눌러 담던 아이"에 이르면, 도무지 혼자서 눌러 담기에는 감당이 안 되는 눈물이 된다. 빗방울과 삼키고 있었던 화자의 눈물과 떠난 엄마를 눌러 담던 아이의 눈물이 겹겹이 울려 온다. 거꾸로, 아이의 아픔이 화자의 눈물이 되고, 화자의 눈물이 빗방울이 되어 떨어진다.

이처럼 노민영 시인은 아픔에 예민하다. 그래서 작고 여리고 버림받은 존재에게서 눈을 떼지 못한다. 그의 눈은 보름달이 휘영청 밝은 밤에, "어린이집 가방을 멘 여섯 살 아이가/ 취기가 올라 휘청거리는 할머니 손을 잡고/ 산모퉁이를 돌아 집으로 가는" 장면을 보고야 만다(「여섯 살의 크리스마스」). 30년이 넘는 세월이 지났지만 "맨날 붙어 있던 형아가 초등학교에 처음 간 날/ 마루에 앉아 종일 기다리고 있던/ 까무잡잡한 설해"를 생생하게 기억하는 시 「천륜」도 마찬가지이다.

1. 가족사, 아픔의 뿌리

이번 시집 곳곳에 흩어진 조각들을 맞추어 보면, 작고 여리고 버림받은 존재에 대해 애태우는 마음은 그의 어린 시절과 연결되는 듯하다.

> 늦둥이를 낳은 어머니는
> 마른 젖꼭지를 빨다가 우는 나를 안고

집안 손부 창촌댁을 찾아가 동냥젖을 물렸다

(……)

어린 기억을 채우지 못해 허기가 질 때
동네 어른들이 모여 있는 곳에 가서
부모님 이야기를 실컷 귀동냥을 하고 온다.
- 「동냥」 일부

얼마나 불렀는지 목이 쉬어 있었고
베개가 젖어 있었다

(……)

내 열아홉 살에 떠난 아버지와
늦둥이 막내아들은
아무도 모르는 새벽에 그렇게 그렇게
눈 녹듯이 만나고 또 기약 없이 헤어졌다.
- 「새벽 눈」 일부

그는 2남 3녀 가운데 늦둥이 막내로 태어났다. 그러다 보니 '동냥젖'을 얻어먹고 자란 그에게는 늘 채우지 못한 사랑의 허기가 있었던 것 같다. "동네 어른들이 모여 있는 곳에 가서/ 부모님 이야기를 실컷 귀동냥"이라도 해야, 그 허기가 조금이라도 채워졌던 모양이다.

「새벽 눈」은 꿈속에서 아버지를 만난 이야기이다. 꿈속에 아버지를 "얼마나 불렀는지 목이 쉬어 있었고/ 베개가 젖어 있었다." 잠에서 깨어났을 때, "하늘에는 첫눈이 내리고 있었"으나 이내 녹아서 "내가 서 있는 땅은 온통 젖어 있었다." 꿈에서 깨었을 때, 하늘에서 떨어진 눈이 금세 녹듯이, 아버지의 모습은 이내 사라져갔다. 그렇게 꿈속에서나마 아버지와 "만나고 또 기약 없이 헤어졌다."

> 해보다 일찍 밥벌이를 나섰다가
> 공장의 소굴을 벗어나 도시의 경계를 넘어서면
> 달빛에 젖은 산골을 거슬러 지친 연어처럼 돌아가던 집
> 그 멀고 먼 출퇴근길보다 더 멀리
> 다시 오지 않는 길을 가는 부모님을 배웅하느라
> 세상을 단절한 스물의 나이는
> 돌멩이에 깔린 새 쑥처럼
> 봄이 오는지 가는지도 모르고 허옇게 잎을 피우고 있었다
> 　　　　　　　　　 - 「경계를 넘는다는 것」 일부

그는 열아홉 살에 아버지를 떠나보내고, 곧이어 어머니마저 이별하게 된다. 갓 스물을 넘긴 나이로는 감당하기 힘든 충격이었으리라. 그런데, 엎친 데 덮친 격으로 조카들마저 떠맡아 키워야하는 삶이 기다리고 있

었다니, 그의 스무 살 시절은 보통 사람으로서는 짐작하기 어려운 아픔과 고통으로 얼룩져 있었던 것 같다. 그는 이 무렵 자신의 모습을 "돌멩이에 깔린 새 쑥처럼 / 봄이 오는지 가는지도 모르고 허옇게 잎을 피우고 있었다."고 회상하고 있다.

"미혼인 스물다섯 살 막내 누이와 스물두 살인 저와 둘이 두 조카를 키우면서 살았습니다. 막내 누이는 집에서 조카를 돌보고 저는 창원공단에 출퇴근을 하며 다녔습니다. 이른 아침 산골에서 오리 길을 자전거로 와서는 시내버스를 갈아타고 마산에 옵니다. 거기서 통근차를 타고 창원으로 갔습니다. 공장에서 잔업까지 마치면 저녁 9시, 다시 통근차를 타고 마산에 옵니다. 시내버스를 타고 내서에 내려 자전거를 타고 오리 밤길을 가서 집에 도착하면 11시가 넘습니다. 막내 누이와 가족 이야기랍시고 조카 이야기와 하루 이야기를 나누다 보면 12시가 됩니다. 다음날 똑같이 반복되는 직장생활을 하고, 일요일이면 혼자 농사를 지었습니다."

스물두 살 한 젊은이의 모습이 고스란히 담긴 그의 회고담은 짠하고 눈물겹다. 시 「감나무가 울던 밤」에서 그는, 도시에서 다시 고향으로 돌아온 날을 또렷이 기억한다. "이삿짐이 쌓인 찬 방에/ 엄마와 나는 겹겹이 솜이불을 덮고" 잤던 기억을 회상하면서, "많은 것을 잃어서 더 쓸쓸했던 밤이었어도/ 고향은 엄마의 품처럼 따뜻했"다고 기억한다. 이처럼 그에게 어린 시절은 숱한 고통과 아픔으로 얼룩져 있으나, 그래도 고향이란 곳은 이름 그대로 돌아가 머물고 싶은 따뜻한 곳이기도 했다.

2. 가족, 세상에 던져진 별

앞에서 보았듯이, 노민영 시인의 성장 과정을 통해 짐작하겠지만, 그의 가족에 대한 애착은 특별할 수밖에 없다. "혼자 제 앞가림하며 시리게 살던 딸"이 "새벽차를 타고" 온다는 말을 듣고는 안절부절못하며 "생각만 하여도 손끝만 닿아도/ 스르르 녹아질 살붙이"라고 혼자서 뇐다(「진눈깨비」). 뿐만 아니라. 첫 출근하는 아들을 공장 문 앞까지 데려다 주면서, "처음 제 발로 살길을 나서는 아들/ 눈밭에 내던지는 것 같아/ 공장 문 앞까지 데려가는 길이/ 더디고 시려서 꽁꽁 얼어붙었다."고 표현하고 있다(「마창대교를 건너며」).

> 정년을 바라보며
> 평생 놓았던 일터로 아내가 첫 출근을 하던 날
> 차를 뒤따라가며 길을 일러주고 돌아오다
> 강물이 지나는 다리 위에서 그만
> 떠내려가는 아내를 건지지 못한 자책의 통곡에
> 숨을 쉴 수가 없었다
>   - 「경계를 넘는다는 것」 일부

정년을 맞으며 어쩔 수 없이 아내를 일터로 내보내는 심정을 토해낸 시이다. "떠내려가는 아내를 건지지 못한 자책의 통곡에/ 숨을 쉴 수가 없었다"에 이르면 그 충격이 읽는 이의 앞을 가로막는다. 그는 스스로 가족의 행복을 책임져야 한다는 책무감, 그렇게 하지 못하고 있다는 부채 의식에 묶여 있다. 그가 가족들의 안위와 행복에 얼마나 매달리고 있는지, 그것이 그에게 얼마나 큰 가치인지를 짐작하게 한다. 고민하고 걱정하고 마음 조린다고 해서 가족의 안위와 행복이 쉽사리 해결되지는 않는다. 우리네 삶이 그렇게 만만하지 않기 때문이다. 그래서 지금 아들과 딸은 객지에, 아내는 직장에 나가 각각 섬이 되어 살고 있다.

>제 둥지 살피기 급급한 아들은
>벼랑을 깎으며 바위섬이 되어 가고
>나 홀로 딸은
>세상을 간보며 외딴섬이 되어 간다
>
>고해를 건너는 아내는
>어느새 고립된 섬이 되어 가고
>무인도가 되어 가는 나는
>아이들 웃음소리가 파도치던 그 섬을 꿈꾼다
>
>섬이 섬을 낳고 너도나도 섬이 되어 사는 곳.
>— 「다도해」 일부

요즘 우리네 삶이 다들 비슷비슷하니 그렇지 않느냐고 말할 수도 있다. 하지만 노민영의 시가 이렇게 절절한 데는 가족에 대한 특별한 애착과 말로 다할 수 없는 사연이 있어서이리라. 그래서 그는 꿈꾼다. 가족들은 지금 뿔뿔이 흩어져 있는 것이 아니라고. 밤하늘에 빛나는 별자리처럼, 집을 중심에 두고 돌고 있는 빛나는 별들일 거라고. 그렇게 위안과 꿈을 함께 엮고 있다.

모두 떨어져 혼자 있는 밤

떨어진 거리를 재듯
밤하늘에 흩어진 별을 따라 선을 그으며
우리 자리를 이어본다

수많은 별자리들이 맴도는 우주
항성 같은 집을 오가며
행성처럼 밤낮으로 맴돌다 보면
우리도 빛나는 별자리 하나 만들 수 있겠지.
— 「별자리」 일부

3. 이웃, 사는 게 그렇듯

노민영 시인의 애틋하고 여린 마음은 이웃과 그가 만나는 사람들로 확산된다. 이 지점이 노민영 시가 가진 특장이자 숨은 힘이다.

장례식장 한구석
낯선 망자의 이름
告 허이페

공장에서 보낸 화환 한 개
고개 숙인 상주처럼 지킬 뿐
아무도 찾는 사람이 없다.

빈소 문패엔 그리운 이름들
처 위용정
자 허고정
부 허추안성
모 우쇼잉
남동생 허이펑

- 「허이페」 일부

  어느 장례식장에 문상을 갔다가 그의 걸음을 멈추게 한 장면이다. 타국에서 온 낯선 망자의 이름과 "공장에서 보낸 화환 한 개" 덩그러니 놓여 있고, 상주도 문상객도 없는 모습이다. 이렇게 한 생이 끝나버린 낯선 이름 앞에서 그는 한동안 멍하니 서 있었으리라. 그는 이처럼 여리고 버림받은 존재에게서 눈을 떼지 못하는 아픔에 예민한 촉수를 지녔다.
  "요양병원 휠체어에 앉아 염불을 외우다/자꾸 웃으며/ 내가 죽을 날이 지났는데/ 구십이 되어도 그때를 알 수 없소."라고 혼잣말처럼 뇌는 할머니의 말벗이 되어 주기도 하고(「당신이 오기를 기다립니다」), "시험 때면 독서실 단골이던 이슬이 발길이/ 뚝 끊어"지자 "몇 번이나 간판을 바꾸고 개업하더니/ 어느 날 굳게 닫힌 문에 폐업 현수막을/ 빗장처럼" 내건 이슬이네 가게를 떠올린다(「피뢰침 그림자」).

    마지막 설을 쇠고
    정든 곳을 떠나며 살얼음 눈물 흘리던
    질부
    버둥대던 빚진 삶 다 청산하고
    타지 두 살림 떨어져 있던 남편에게로
    어린 남매를 데리고 갔다
                         –「매화꽃 필 무렵」 일부

  그에게는 "빚진 삶 다 청산하고/ 타지 두 살림 떨어져 있던 남편에게로/ 어린 남매를 데리고"가는 조카며느리가 눈에 밟힌다. "정든 곳을 떠나며 살얼음 눈물 흘리던" 모습을 보고야 만다. 그들의 삶이 "추위를 무릅쓰고 기어이" 피는 매화처럼 "인고의 향 그윽하게" 피워 올리기를 기원한다. 이런 심성을 지니고 있는 그에게는, 힘든 하루하루를 벼뎌내고 씨름하는 이들이 너무나 소중하게 와 닿는다.

    그제는 달랑 요양보호사 둘이서 야근을 하고

오늘은 휴일 조리사 대신 식당일을 하느라
혼자
요양원 식구들과 어르신들이 드실
삼시세끼 밥을 하고 반찬을 만들고 죽을 끓인다

맛이 있을까 간이 맞을까 식지 않을까
맛을 보고 또 보고 불 조절에 신경이 곤두선다

타국의 입맛을 가늠하며
집 밥의 열 배나 되는 식단을 만드는 일
처음도 그랬지만 날이 갈수록 힘에 부친다

내일도 휴일 쉬는 자 연차 야근자 빼고 나면
법정 인원 두 배의 어르신을 수발한다

허리에 생긴 고질병이 만성이 되어도
함께 힘든 동료들에게 짐을 지울 수 없어
며칠 쉬고 싶다는 말을 참고 또 참는다

몸은 전보다 더 수척하지만 언제나 밝고 씩씩한
요시코
이제는 가슴에 든든한 사직서를 품고 일을 한다.
- 「요시코의 하루」 전문

그의 눈은 요양원에서 일하는 외국인 노동자 '요시

코'에게 머물고 있다. 그제는 야근을 하고, 휴일인 오늘은 조리사 대신 혼자 식당일을 한다. "요양원 식구들과 어르신들이 드실/ 삼시세끼 밥을 하고 반찬을 만들고 죽을 끓인다." 거기다가 "내일도 휴일 쉬는 자 연차 야근자 빼고 나면/ 법정 인원 두 배의 어르신을 수발"해야 한다. "허리에 생긴 고질병이 만성이 되어도" "며칠 쉬고 싶다는 말을 참고 또 참는" 요시코. 우리 사회에서 외국인 노동자나 비정규직의 삶이 어떤 모습인지 생생하게 보여주는 시이다.

그는 병원에 입원해 있으면서 만난 간호 실습생이 "혈당 침을 몇 번이나 찌르며 난감해" 할 때도, "다시 침을 들고 내 손을 과감하게 찌르라고" 따뜻한 조언을 아끼지 않는다(「실습생」). 그의 눈에는 "비보호 표지판을 단 노란 점멸 신호등"은 언제 어떻게 될지 모르는 비정규직의 처지로 읽힌다.

　　비보호 표지판을 단 노란 점멸 신호등

　　빨간 신호도
　　파란 신호도 거세된 체
　　밤이고 낮이고
　　숨 가쁘게 맥박이 뛴다

　　기회와 틈이 얄팍한
　　보호가 담보되지 않은 구역

석 달씩 수습기간직을 이어가는
그 살얼음판 같은 횡단보도를 건널 때면
숨이 찬다.
— 「비보호」 전문

비정규직이란 "밤이고 낮이고/ 숨 가쁘게 맥박"이 뛰는 "노란 점멸 신호등"이다. "보호가 담보되지 않"는 "살얼음판 같"은 길이다. 그는 자신이 만난 힘겨운 이웃들에게 이렇게 주술을 걸고 싶어한다.

파산 후유증으로 앓는 사람 겨울 잘 나라고
김장을 함께하며 주술을 걸었다

풀이 죽은 누런 속
벌리고 뒤집는 손길이 스칠 때마다
따갑고 쓰릴 겨를도 없이 벌겋게 달아오른 몸

처음은 다 그런 게지
숙성되면 아무것도 아닐 거야
(…)

김장독처럼
얼지 않을 만큼 이 겨울을 견디고 나면
서걱거리던 날도 삭아지겠지.
— 「김장 주술」 일부

그의 주술이란 "파산 후유증으로 앓는 사람"과 "김장을 함께"하며 등을 두드려 주는 일이다. 지금은 따갑고 쓰리지만, "숙성되면 아무것도 아닐 거야" 하고 위로를 건네는 일이다. 그러면서 "얼지 않을 만큼 이 겨울을 견디고 나면/ 서걱거리던 날도 삭아지겠지" 하고 믿는 것이다.

4. 노동, 불꽃의 시너 향

그가 이웃을 향해 내보인 관심과 애틋한 마음은 그 자신의 삶에도 그대로 담겨 있다. 그 또한 이웃들과 크게 다르지 않은 삶을 살아왔고, 살고 있기 때문일 것이다.

> 꽃 속으로 파고들어
> 온몸에 가루를 뒤집어쓰고
> 코끝을 찌르는 진한 향을 맡는다
>
> 감당할 수 없는 짜릿함
> 참고 참았던 숨이 넘어갈 지경이면
> 머리 겨우 드나드는 공기탱크 속에서 기어 나와
> 연신 숨을 들이킨다
>
> 빨간 페인트 가루와
> 지독한 시너 냄새가 범벅이 된 몸
> 봄꽃 향기가 이보다 더 진할 수 없다

공장에서 사시사철 피는 노동의 꽃
휴일에도 빨갛게 혼자 부풀어 피어나니
봄꽃이 이보다 더 아름다울 수 없다

저장된 내 꿀에는 아직도 시너 향이 난다.
— 「꿀벌」 전문

"꽃 속으로 파고들어/ 온몸에 가루를 뒤집어쓰고/ 코끝을 찌르는 진한 향을" 맡으며 꿀을 모으는 일에 혼신을 다하는 꿀벌. 시인은 그 꿀벌의 모습에서 공기탱크 속에서 "빨간 페인트 가루와/ 지독한 시너 냄새가 범벅이 된 몸"으로 일하는 자신의 모습을 본다. "참고 참았던 숨이 넘어갈 지경이면/ 머리 겨우 드나드는 공기탱크 속에서 기어 나와" 숨을 들이킨다. 여기에 이르면 꿀벌이 맡았던 "코끝을 찌르는 진한 향"은 "감당할 수 없는 짜릿함"으로 반전된다. "감당할 수 없는 짜릿함"은 더 이상 견디기 힘든 '짜릿함'인 것이다. 어쩌면 꿀벌의 입장에서는 '코끝을 찌르는 진한 향'이 '감당할 수 없는 짜릿함'에 가까울지도 모른다.

꿀을 모으는 일만 하다 생을 마치는 꿀벌처럼, 노동자는 "공장에서 사시사철 노동의 꽃"을 피우다 생을 마친다. 그래서 "봄꽃이 이보다 더 아름다울 수 없다"는 역설로 읽힌다. 이 아름다움은 "아직도 시너 향이 난다"는 면에서 치명적인 아름다움이고, 나의 생존을 가능하게 하는 "저장된 내 꿈"이란 입장에서는 생존을 위한 달콤함이기도 하다. 그래서 피할 수 없다.

> 레일을 타고 공중곡예를 하며 연주하는
> 천장 크레인의 독주
> 무게중심을 잃거나 줄이 끊어지면
> 운명을 달리할 수 있다는 경고음
> 공장을 울리며 종일 수도 없이 메아리친다
>
> (…)
> 사랑하는 이를 위해 바치는 노동 교향곡이다.
> − 「엘리제를 위하여」 일부

이 시는 베토벤이 사랑하는 여인을 위해 작곡했다는 '엘리제를 위하여'가, 아차 하다간 목숨을 잃을 수도 있는 공장 크레인의 경고음으로 들려오는 아이러니를 보여준다. 「속 터지는 알」에서는 "어느 공사장 공장에서 버려져/ 타이어에 박힌 작은 나사못"을 통해 "산재 치료가 끝나도/ 노동의 가치로는 기피 대상이 되어 떠돌던/ 한때 나"를 만나게 된다. 타이어에 박힌 이 나사못은 "함부로 거리에 버려"진 것에 대한 항의이고, 공장에서 버려진 노동자들의 분노를 박아놓은 듯하다. 시인은 고철장으로 몰려온 쇳조각들을 보고는 현장에서 밀려난 노동자들을 떠올리고는 "꽃다운 시절이 피고 또 졌다"고 내뱉는다(「쇠꽃」).

시간을 다투고 밤을 쪼개던 투잡도
정년에 저물어 적막하다

실탄도 없이
빈껍데기 같은 총처럼 우두커니 의자에 기대
생존교육을 받고 있는 정년퇴직 실업자들

탄창에 헐렁하게 채워 주는 실업급여 다 쏘고 나면
선택 폭이 좁아진 삶의 현장에 던져져
허술해진 경쟁력으로 어떻게든 살아남아야 한다

마지막 기회를 위해 한 가닥 기대를 품고
먹잇감을 찾느라 호시탐탐 훑어보는 구직정보
경력도 능력도 우대하지 않는 단순직
모든 것을 내려놓고
다시 조명탄을 장전하고 방아쇠를 당긴다.
─「다시 방아쇠를 당기다」 전문

"시간을 다투고 밤을 쪼개" 투잡까지 하던 그도 이제 "정년에 저물어 적막하다." "빈껍데기 같은 총처럼 우두커니 의자에 기대/ 생존교육을 받고 있는 정년퇴직 실업자"가 된 것이다. 이제는 기술이고 자존심이고 "모든 것을 내려놓고" "경력도 능력도 우대하지 않는 단순직"을 찾아나선다. 거기서 다시 "방아쇠를 당긴다." 마지막까지 생존은 전투이다.

5. 돌아보고 관조하다

그도 이제 세상을 돌아보는 나이가 되었다. 인생 파란만장을 겪은 그동안의 연륜으로 세상을 읽어내는 눈도 트이게 되었다.

> 무료 시식 코너를 지나는 아이가
> 엄마에게 먹어도 되냐고 묻는데
> 엄마는 점원의 눈치를 보며
> 아이의 손을 끌어 지나친다
>
> 덥석 무는 순간 바늘 끝이라도 닿는다면
> 뿌리치지 못할지도 모를 일
>
> 세상에 그럴싸하게 보이는 것은
> 그럴만한 이유가 있다.
> ― 「그럴싸한 이유」 일부

대형 마트 같은 곳에서 흔히 볼 수 있는 풍경이다. 우선 근처에 가면 냄새가 사람을 끌어당긴다. '그냥 맛보고 가라는데 뭐 어때서?' 하는 이도 있다. 시인은 이것을 '밑밥'이라고 말한다. 아이의 손을 잡고 지나가는 엄마의 경우, 아이가 "덥석 무는 순간" "뿌리치지 못할" 가능성이 많다. 무심코 지나칠 법한 장면에서 시인은 이렇게 세상을 읽어낸다. "세상에 그럴싸하게 보이는 것은" 다 "그럴만한 이유가 있"는데 말이다.

그는 아득히 보이는 수평선에서도 숨은 이치를 읽어 낸다. 고요하고 편안해 보이는 수평선도 "망망한 끝/ 그 선에서도 수평을 잡기 위해/ 파도를 달고 산다."고 알려 준다.(「수평선」).

    밥상머리에서 젓가락을 놓쳤다
    감이 툭 떨어졌다
    인생의 가을이 왔다

    홍시처럼 말랑말랑했던 한 철
    꼭지가 빠진다

    감이 다 떨어지고 나면
    세상에 차려진 진수성찬은
    그림에 떡

    까치밥처럼 미끼를 매단 세상
    늦은 감으로
    벌겋게 달려들어도 낚이질 않는다.
        – 「감」 전문

시인은 "밥상머리에서 젓가락을" 놓치고는 "감이 툭 떨어졌다"고 말한다. "인생의 가을이" 온 것이다. 이 시는 "감이 떨어졌다"에서 '감'을 '홍시'와 '감(感)'의 중의적 의미로 풀어가고 있다. "감이 다 떨어지고 나면

/ 세상에 차려진 진수성찬은/ 그림에 떡"이다. 뒤늦게 "까치밥처럼 미끼를 매단 세상"에 "늦은 감으로/ 벌겋게 달려들어" 보지만, 쉬 "낚이질 않는다." 늙어가면서 느끼는 비애를 '감'이란 단어를 통해서 짧고도 선명하게 그려내고 있는 시이다.

6. 꿈꾸는 섬으로

노민영 시인이 꿈꾸는 곳은 섬이다. 그곳에는 "산 언덕배기 홀로/ 물끄러미 내려다보는/ 오래된 토담집"이 있다. "뒷산 노을이 들면/ 하얀 날개를 펼친 백로가/ 구름처럼 떼 지어 대숲으로 날아들고" 하는 "오두막집"이 있는 "그리운 섬"이다(「그 오두막집」). 즉, 고향처럼 포근하고 정겹게 느껴지는 섬이다. 그는 그곳에서 가족들과 함께 살고 싶어한다.

> 고요한 아침 잔잔한 바다 위
> 솜이불 같은 물안개에 폭 쌓여
> 반쯤 얼굴을 가리고 곤히 잠든 아기섬
>
> 갓 난 이후
> 바다가 물린 젖으로 자라는 동안
> 점점 살이 내리고 작아졌을 몸
>
> 언제부터 어른이 되어
> 거친 파도와 바람을 버티며

바닷말을 키우고 물고기를 품어 기르며
아담한 보금자리가 되어
이름 모를 새들의 천국이 되었을까

내 아버지 어머니도
작은 몸이 되도록 나의 천국이 되었다가
다 큰 아기가 되어 물안개처럼 사라졌다.
― 「아기섬」 전문

그곳 아기섬은 "솜이불 같은 물안개에 폭 쌓여" 있는 꿈속 같은 곳이다. 그곳에서 "바다가 물린 젖으로 자라" 어른이 된다. "어른이 되어"서는 "바닷말을 키우고 물고기를 품어 기르며" "이름 모를 새들의 천국"으로 가꾸고 싶은 곳이다. 또한 "내 아버지 어머니"가 자기를 비우고 점점 작아져서 "다 큰 아기가 되어 물안개처럼" 사라진 곳이기도 하다. 그리고 보면 그가 꿈꾸는 섬은 고향의 다른 이름이고, 가족들 함께 사는 "아담한 보금자리"이기도 하다. "빛이 드는 길을 찾고 싶을 때/ 아무리 멀어도 다시 숨어들고 싶은 그 섬"이기도 하고(「증도」), "섬이 섬을 낳고 너도나도 섬이 되어 사는 곳"이기도 하다(「다도해」).

노민영 시인은 어린 시절부터 온갖 어려움을 겪고 고통스럽고 먼 길을 걸어 여기까지 왔다. 그동안 그는 늘 작고 여리고 버림받은 존재 곁에 있었다. 그리고 그는 작고 여린 것들에 대한 애틋한 마음으로 온기를 피워올리는 삶의 마술을 부려왔다. 그의 시도 그 무거운 짐을 함께 지고 여기까지 왔다. 그만큼 우리 주변은 조금씩 밝아지고 따뜻해진 게 분명하다. 그는 이제 그 아득한 시련의 강을 다 건너온 듯하다. 한동안 젖은 옷을 말리고 주위를 돌아봐야 할 것이다. 잠시 쉬었다가 이제 좀 가볍게 길을 나서리라 믿는다.

섬

2024년 12월 01일 초판 1쇄 찍음
2024년 12월 10일 초판 1쇄 펴냄

지은이 _ 노민영
펴낸이 _ 라문석
편집장 _ 김옥경
디자인 _ 장상호

펴 낸 곳 _ 도서출판 두엄
등록번호 _ 제03-01-503호
주   소 _ (41969) 대구광역시 중구 명륜로12길 21
대표전화 _ (053) 423-2214
전자우편 _ dueum@hanmail.net

ⓒ노민영, 2024
ISBN 979-11-93360-20-0 03810

*지은이와 협의하여 인지는 생략합니다.
*이 책 내용의 전부 또는 일부를 재사용하려면 반드시 지은이와
  도서출판 두엄 양측의 동의를 받아야 합니다.
*책값은 뒤표지에 표시되어 있습니다.

이 시집은 경상남도문화예술진흥원의 문화예술지원을 보조받아 발간되었습니다.